Patrício Dugnani
autor e ilustrador

Beleléu
e as formas

Dados Internacionais de Catalogação na Publicação (CIP)
(Câmara Brasileira do Livro, SP, Brasil)

Dugnani, Patrício
   Beleléu e as formas / Patrício Dugnani, autor e ilustrador. – São Paulo : Paulinas, 2011. – (Coleção ponte do saber. Série beleléu)

   ISBN 978-85-356-2801-2

   1. Literatura infantojuvenil   I. Título.   II. Série.

11-04216   CDD-028.5

Índices para catálogo sistemático:

   1. Literatura infantil   028.5
   2. Literatura infantojuvenil   028.5

1ª edição – 2011
6ª reimpressão – 2023

Direção-geral: *Flávia Reginatto*
Editora responsável: *Maria Alexandre de Oliveira*
Assistente de edição: *Rosane Aparecida Silva*
Copidesque: *Ana Cecilia Mari*
Coordenação de revisão: *Marina Mendonça*
Revisão: *Mônica Elaine G. S. da Costa*
Assistente de arte: *Sandra Braga*
Gerente de produção: *Felício Calegaro Neto*
Produção de arte: *Manuel Rebelato Miramontes*

Nenhuma parte desta obra pode ser reproduzida ou transmitida por qualquer forma e/ou quaisquer meios (eletrônico ou mecânico, incluindo fotocópia e gravação) ou arquivada em qualquer sistema ou banco de dados sem permissão escrita da Editora. Direitos reservados.

Paulinas
Rua Dona Inácia Uchoa, 62
04110-020 – São Paulo – SP (Brasil)
Tel.: (11) 2125-3500
http://www.paulinas.com.br
editora@paulinas.com.br
Telemarketing e SAC: 0800-7010081
© Pia Sociedade Filhas de São Paulo – São Paulo, 2011

A Lilian, João Pedro e Gabriel,
com todo o amor do mundo.
Agradecimento a Denyse Cantuária.

O João aprendeu a lição:

no seu quarto,
bagunça não fica, não.

Com o quarto arrumadinho,
e o Beleléu sem ter o que bagunçar...

... os dois resolveram brincar.

O João, uma tesoura pegou,
e uma folha de papel cortou ao meio.
Qual a forma que ficou?

Dois lados compridos e dois curtos.

O retângulo é o que se formou.

Então, o João cortou o retângulo ao meio.
Qual figura agora surgiu?

Com todos os lados iguais,
o quadrado é o que se viu.

Depois, João pegou o quadrado,
e de uma ponta a outra cortou.
Qual a nova forma que ele encontrou?

Usando os recortes de papel,

quatro triângulos o João colou,
e uma pipa ele montou.

Enquanto o Beleléu observava,
uma pipa é o que se formava.

Depois disso, não teve como evitar:
o monstrinho ficou louco, com vontade
de a pipa empinar.

E no quintal foram brincar.

No céu, livre a pipa voou.

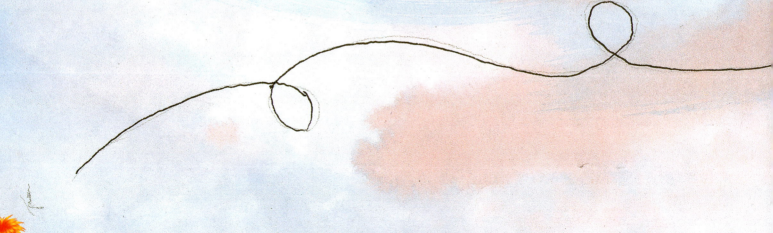

E nas voltas da sua rabiola,
um círculo se formou.

Eis, então,
que um vento
muito forte soprou,
e com a pipa o Beleléu voou..